Contes pour Enfants sages

Éditions HEMMA

Six petits cochons turbulents

Ce matin-là, quand le soleil se lève, il y a de nouveaux petits habitants à la ferme. En effet, maman Truie vient de mettre au monde six adorables cochonnets roses.

La bonne nouvelle se répand très vite.
Les animaux, chacun à leur tour, viennent rendre visite à madame Truie et admirer les bébés.
– Félicitations, madame, dit le coq, vos petits sont magnifiques ! Ils feront la fierté de notre ferme !

Madame Truie remercie ses amis d'être venus la saluer. Pour le moment, ses petits sont bien sages, ils ne pensent qu'à téter et dormir. Elle n'imagine pas encore le travail qui l'attend...

Les mois passent... Les petits cochons grandissent, mais pas toujours en sagesse ! Ils n'en font qu'à leur tête et désobéissent sans cesse à leur maman, qui ne sait plus comment s'y prendre pour bien les éduquer. Ils mangent salement, se chamaillent sans arrêt et sont continuellement couverts de taches de nourriture et de boue.

Un de leurs mauvais tours préférés est de s’élancer du petit ponton de bois qui est sur l’étang et de plonger pour faire peur à madame Cane et à ses canetons !

Maman Truie a beau les gronder, rien n'y fait ! Chaque jour, les cochonnets inventent de nouvelles bêtises. Aujourd'hui, ils sont entrés dans la remise du fermier et ont renversé les pots de couleur et les bidons d'huile pour aller ensuite se rouler dans les plumes et la farine...

Et les voici maintenant qui courent, bousculent et effrayent les petits poussins sur leur passage.

– Cette fois, c'en est trop ! dit la poule. Je dois en parler au coq !

Le soir même, le coq va trouver la maman des six galopins. La pauvre est désolée, mais elle ne sait plus comment s'y prendre avec ses petites canailles.

– J'ai une idée, dit le coq. Dès demain, nous allons tous vous aider à leur apprendre les bonnes manières. Reposez-vous bien et ne vous tracassez plus !

Le lendemain matin, le coq réunit tous les animaux de la ferme et leur expose le problème :

– Nous devons aider madame Truie à élever ses petits ! Si chacun apporte son savoir-faire, nous pouvons métamorphoser ces six petits monstres en six cochonnets bien élevés !

Tous sont d'accord et décident de se mettre aussitôt au travail !

Tout d'abord, un bon bain s'impose ! Les oies prennent un savon et lavent vigoureusement les porcelets, chacun à leur tour, dans le ruisseau.
Eh oui ! La propreté, c'est important, même pour les petits cochons...

La chatte Minouche a pour mission de leur apprendre à manger proprement et à ne plus mettre les pattes dans l'auge.

– Finalement, ce n'est pas si difficile de manger sans se salir, reconnaît un des cochonnets.

– Je dirais même que c'est agréable, ajoute un autre.

Le dindon prend ensuite le relais.
– Avec moi, vous apprendrez à vous déplacer de manière ordonnée et sans courir !
Une, deux, une, deux... C'est bien, vous avez compris !
Les poules sont soulagées, leurs poussins peuvent maintenant picorer et jouer en toute sécurité.

Jour après jour, les six petits cochons font d'énormes progrès. À présent, ils mangent proprement et prennent leur bain dans l'étang. Ils ont également présenté leurs excuses à maman Cane et à ses canetons.

– Et si on jouait tous ensemble ? leur propose un cochonnet.

La fermière est très étonnée de voir combien les petits cochons ont changé.

– Je ne vous reconnais plus ! Jamais je n'ai vu de petits cochons aussi propres ! Votre maman vous a bien éduqués. Je vais vous apporter quelques beaux épis de maïs pour vous récompenser !

Maman Truie est fière
de ses petits. Grâce à tous
ses amis de la ferme, ils sont
devenus très sages.
Le coq les regarde souvent,
d'un œil attendri, quand ils se
blottissent contre leur maman
pour s'endormir...
Quelle belle famille !

Bonne nuit, les petits...

Jeannot s'envole

Ce matin-là, le ciel est chargé de gros nuages gris et le vent souffle très fort. Les grenouilles coassent de joie :
– C'est une belle tempête qui nous arrive !

Plic, ploc ! Les premières gouttes tombent sur l'étang où se baignent les canards.
– Quel temps idéal ! s'exclame monsieur Canard. Cette averse va nous faire le plus grand bien !
Le vent d'automne fait tourbillonner les feuilles de toutes les couleurs...

Certains autres apprécient moins ce temps… Le petit garçon du fermier abandonne son cerf-volant et court vers la ferme pour s'abriter. Monsieur Souris, lui, se protège de la pluie sous une feuille.

– En zigzaguant, vous passerez peut-être entre les gouttes ! plaisante la taupe.

Jeannot lapin se réfugie sous le cerf-volant. Mais ce n'est pas vraiment une bonne idée, car le vent souffle encore plus fort...

Soudain, une violente rafale soulève le cerf-volant et l'emporte dans les airs. Et voici que le petit Jeannot s'élève de plus en plus haut dans le ciel. La ferme semble bien petite à présent...

Heureusement, Bayard le cheval, monsieur Mouton et monsieur Canard ont assisté à l'envol de Jeannot.

– Suivons-le ! crie le canard. Il pourrait avoir besoin d'aide au moment de l'atterrissage...

Monsieur Souris ouvre le verrou de l'écurie et les quatre amis s'élancent à la poursuite du cerf-volant.

Pauvre Jeannot ! Il termine son voyage dans un arbre... Monsieur Écureuil, qui a entendu un grand craquement, se précipite hors de son logis et découvre le lapin inanimé...

La tempête s'est calmée et il ne pleut presque plus. Les quatre amis ont perdu de vue le cerf-volant dans la vallée.

– Jeannot ! Jeannot ! Où es-tu ? crient-ils à pleins poumons.

Soudain, monsieur Souris aperçoit la toile colorée du cerf-volant dans un arbre.

– Regardez ! Il est là !

– Venez m'aider ! dit l'écureuil.
Votre ami s'est évanoui. Il faut le redescendre avec précaution, il s'est peut-être cassé quelque chose !
– Mais comment allons-nous faire ? s'inquiète monsieur Canard. C'est bien trop haut !
– J'ai une idée ! s'exclame Bayard.

Bayard et monsieur Mouton mordent à belles dents dans l'une des branches et la tirent de toutes leurs forces vers le sol.
– Montez, monsieur Canard ! encourage la petite souris. L'écureuil vous aidera à ramener Jeannot jusqu'à nous.

Le petit lapin revient doucement à lui.
– Tu nous as fait une belle peur, lui dit le canard. Te sens-tu prêt à regagner la terre ferme maintenant ?
– Euh, oui... je crois, marmonne Jeannot, encore tout étourdi.
– Tout va bien, il n'a rien de cassé ! crie monsieur Souris à Bayard.

Le canard aide Jeannot à se glisser le long de la branche pour atterrir en douceur sur la tête du brave cheval.

– Voilà ! À présent, tu es en sécurité, se réjouit monsieur Souris. En route vers la ferme !

La nuit est déjà tombée lorsque le petit groupe arrive à la ferme.
– Tous dorment déjà ! Il ne faudra pas faire de bruit en rentrant, dit Bayard.

Mais le père François, inquiet, les attendait... Il est heureux de retrouver ses animaux sains et saufs.

– Je n'oublierai jamais ce voyage en cerf-volant ! dit Jeannot. Heureusement, grâce à tous mes amis, cette aventure s'est bien terminée !

La mésaventure de Jojo

Une nouvelle journée commence pour les animaux de la ferme. Dès l'aube, le coq est à son poste. Perché sur la barrière, il guette les premiers rayons du soleil...

– Cocorico ! lance-t-il de sa voix stridente. Debout, fainéants, il est l'heure de se lever !

Nichée au cœur du fenil,
la famille Souris s'éveille.
– Quelle belle journée ! Debout, mon petit Jojo ! Regarde ce beau ciel bleu ! s'exclame papa Souris.
– Oh ! Laissez-moi dormir encore un peu, grogne le souriceau en disparaissant sous la couverture.

Pendant que papa Souris, comme chaque matin, s'en va chercher quelques grains de maïs au poulailler, maman Souris prépare le petit déjeuner.

– Enfin, Jojo, cesse de bâiller comme ça et mange ! gronde-t-elle.

– Je n'ai pas très faim... Je m'ennuie, dit Jojo. Il ne se passe jamais rien ici...

Mais les petites souris ne se doutent pas qu'elles courent un grand danger ! En effet, le père François vient renouveler la litière de maman Brebis qui a mis au monde deux beaux agneaux.
Le fermier s'apprête à enfourcher l'une des bottes de paille où vit la famille Souris...

Jojo, à l'affût du moindre événement, s'est posté en haut de la botte pour regarder travailler le père François. Tchac ! Un grand coup de fourche et la botte de paille se soulève !

Tout tremble ! Jojo n'a pas le temps de s'enfuir ! Il tente de s'accrocher à un brin de paille, mais il est projeté dans les airs en direction de l'abreuvoir.

Plouf ! Quel plongeon ! Jojo se retrouve dans l'eau froide, sous les yeux d'un petit veau étonné de voir un souriceau tomber du ciel ! Le petit Jojo se débat dans l'abreuvoir, car il n'a pas encore appris à nager...

– Au secours ! Au secours ! Aidez-moi !

Jojo voit s'approcher une grande bouche qui l'attrape par la queue et le soulève hors de l'eau. C'est le petit veau qui vient à son secours ! En entendant les cris de maman Souris, il comprend que le souriceau provient du fenil.

De retour du poulailler, papa Souris se rend compte rapidement de la situation et prend les choses en main.
– Vite ! Tendons ce foulard pour que Jojo puisse s'y accrocher !

Jojo, tremblant de la tête aux pattes, s'accroche de toutes ses forces au morceau de tissu. Maman et papa Souris tentent de le hisser, mais ce n'est pas facile...
Heureusement, d'un coup de museau, le petit veau aide Jojo à retrouver enfin ses parents.

– Pfff ! On a eu chaud ! souffle papa Souris, épuisé.
– Comme tu nous as fait peur ! s'exclame maman Souris en serrant très fort son petit dans ses bras.
Après avoir fait de gros câlins à son papa et à sa maman, Jojo regarde autour de lui...
– Mais notre maison de paille est sens dessus dessous ! Tout est détruit ! Qu'allons-nous devenir ?

Papa Souris aperçoit alors, entre deux planches, un petit trou qui était caché par la botte de paille emportée par le fermier.
– Je vais aller voir si nous ne pouvons pas nous installer là, dit-il en se glissant dans l'ouverture.

Quelle aubaine ! Ce trou mène à la réserve de grains du père François. La petite famille sera désormais à l'abri des « tremblements de bottes de paille » et aura de la nourriture en abondance !

– Tu ne devras même plus aller jusqu'au poulailler, papa ! s'écrie Jojo, content que cette aventure se termine bien.

Ce soir-là, quelle agitation dans le fenil ! C'est le grand déménagement ! Tout ce qui est encore entier est emmené dans le nouveau logis.

– Comme nous allons être bien installés ! se réjouit maman Souris.

Et, après une telle journée, les trois petites souris s'endorment très vite. Elles ont enfin trouvé un endroit où vivre en paix... Même Polux, le matou du fermier, ne pourra jamais les déranger !

L'escapade de Germain

Par une belle matinée du mois d'août, le soleil se lève sur un joli coin de campagne. Là, dans un petit vallon, au bord d'une rivière, se trouve une ferme où les animaux vivent très heureux. Mais il est trop tôt pour les voir, ils dorment encore !

Pour madame Cane, c'est un jour particulier. Levée avant tout le monde, elle emmène pour la première fois ses canetons à la mare. Deux d'entre eux barbotent déjà et trouvent cela très amusant, mais le troisième, le petit Germain, se fait prier... L'eau lui semble trop froide ! Maman Cane ne veut pas l'obliger à plonger.
– Reste encore un peu sur le bord, lui conseille-t-elle.

Pendant que maman Cane apprend à ses deux autres canetons à plonger à la recherche de nourriture, Germain s'éloigne en direction du ruisseau.

– Oh ! Qui es-tu, toi ? demande-t-il à un drôle d'animal vert accroupi sur une pierre. Tu ne ressembles pas à un canard !

– Mais non, je suis une grenouille ! Viens jouer avec moi. Regarde, je bondis de rocher en rocher et c'est très amusant... Hop ! Hop ! Hop !

« C'est vrai que cela a l'air amusant. Moi aussi, je dois pouvoir le faire », pense Germain en s'élançant vers le premier rocher. Hélas, sa patte glisse sur la pierre humide et le caneton tombe dans l'eau.

Et il trouve cela très gai, le petit Germain ! L'eau est bonne et le courant le chatouille.

– C'est bien plus rigolo qu'à la mare !

Et, sous le regard amusé des moutons, il se laisse porter par le courant, sans se rendre compte qu'il s'éloigne de la ferme...

Le petit ruisseau a emporté Germain vers la rivière. Il ouvre grand les yeux car il découvre de nouveaux paysages... Distrait par des papillons, il ne remarque pas que le soleil est déjà très haut dans le ciel et que la ferme n’est plus en vue depuis bien longtemps.

Deux petits lapins aperçoivent Germain.
– Ce petit canard a l'air bien jeune pour se promener tout seul par ici !
– Nous ne l'avions jamais vu auparavant. D'où peut-il venir ?

Germain commence à avoir faim... « Il est temps de rentrer », pense-t-il. Mais il a beau regarder de tous les côtés, il ne reconnaît pas le paysage qui l'entoure...
– Monsieur Écureuil, avez-vous vu ma maman et mes deux frères ?
– Mais, mon petit, il n'y a ni mare ni ferme dans les environs !
Le caneton commence à s'inquiéter...

Germain a regagné la berge, où il rencontre un troupeau de vaches qui paissent tranquillement.

Une nouvelle fois, il pose sa question, mais elles non plus n'ont pas vu sa maman.

– Remonte la rivière et tu retrouveras ta ferme, lui conseille l'une d'elles.

– Bonne idée ! s'exclame Germain. Et il se met aussitôt en route.

Comme il lui est impossible de remonter le courant, le caneton décide de longer la rivière sur la berge. L'entreprise est très difficile car il est encore petit et doit se faufiler entre les hautes herbes.
Déjà, la nuit commence à tomber et toujours pas de ferme à l'horizon. Germain se décourage...

La lune et les étoiles brillent dans le ciel. Germain, épuisé, se laisse tomber sur le sol et sanglote...

Un vieil hibou, perché sur une grosse branche, aperçoit le caneton.

– Pourquoi pleures-tu ainsi, mon petit ? Raconte-moi ton histoire. Je peux peut-être te venir en aide.

Le caneton explique alors sa mésaventure au hibou.
– Je vais t'aider à retrouver ta ferme, dit le hibou. Monte sur mon dos, nous allons survoler la rivière.
Germain admire le monde vu d'en haut : les forêts, les champs, la rivière qui serpente...
Soudain, il reconnaît sa ferme.
– C'est ici ! Mais toutes les lumières sont éteintes !
– Ne t'inquiète pas, tu vas bientôt revoir ta maman.

Maman Cane et les autres animaux de la basse-cour ont cherché Germain toute la journée. La nuit venue, ils se sont réunis dans la grange pour consoler leur amie la cane qui pleure à chaudes larmes. Tout à coup, on entend une petite voix derrière la porte.

– Maman, tu es là ? Maman, c'est moi, Germain !

Les retrouvailles se passent dans la joie et les animaux remercient chaleureusement monsieur Hibou d'avoir ramené le caneton. Avant de partir, celui-ci donne un dernier conseil au caneton et à sa maman :

– À l'avenir, Germain, essaye d'être moins distrait. Et vous, madame Cane, ayez un œil plus attentif sur ce petit imprudent.

Germain a promis de ne plus recommencer. Il se blottit avec ses deux frères dans les bras de sa maman. Bientôt, tous les quatre s'endorment sous le ciel étoilé de cette belle nuit d'été, le cœur heureux...

Table des matières